Oda Tietz

Die besten Käsekuchen

Bassermann

Inhaltsübersicht

Wissenswertes

Rezepte

Großmutters beste Käsekuchen

Himmlische Käsetorten und Käsetörtchen

Kleine Käsekuchen-Kunde

Für leckere Käsekuchen und Käsetorten sind die besten Zutaten gerade gut genug. Die Quarkmasse wird bei vielen Rezepten mit Sahne, Schmant, Frischkäse und Ricotta verfeinert. Was bei den Zutaten zu beachten ist, erfahren Sie hier – außerdem gibt es ein paar Tipps zum Variieren und Dekorieren.

Die wichtigsten Zutaten

Alle Zutaten sollten frisch sein und vor Backbeginn in Reichweite stehen. Wiegen Sie die Zutaten ab. Falls nicht extra angegeben, sollten sie alle die gleiche Temperatur haben.

Speisequark ist ein Frischkäse, der aus dickgelegter Milch hergestellt wird. Der Handel bietet ihn in unterschiedlichen Fettstufen, vom Magerquark bis zum Sahnequark, an. Er ist von weicher und streichfähiger Konsistenz und sehr eiweißreich. Je mehr Fett der Quark enthält, desto cremiger und feiner ist er. Für die angegebenen Rezepte wurde Sahnequark (40 Prozent Fett) verwendet. Wer das Backwerk weniger gehaltvoll wünscht, kann auch zur geringeren Fettstufe (20 Prozent) greifen oder Magerquark verwenden, wenn im Rezept noch Sahne verwendet wird. Quark sollte für die Kuchen, Torten und Füllungen stets abgetropft verwendet werden. Dafür legt man ein feines Sieb mit einem feuchten Mulltuch aus und hängt es über eine Schüssel. Dann den Quark einfüllen, mit Klarsichtfolie abdecken und an einem kühlen Ort drei bis vier Stunden abtropfen lassen. Danach sollte der trockene Quark durch ein Sieb gestrichen werden. Dann ist er locker und lässt sich gut weiterverarbeiten.

Jogurt wird in der Regel aus pasteurisierter Kuhmilch zubereitet, die mit Milchsäurebakterien angereichert wird. Im Handel gibt es verschiedene Fettstufen: Magerjogurt (max. 0,5 Prozent Fett), fettarmer Jogurt (1,5 Prozent Fett) und Vollmilchjogurt (3,5 Prozent Fett). Für die angegebenen Rezepte wurde Vollmilchjogurt verwendet.

Schmant ist ein löffelfester Sauerrahm mit mindestens 20 Prozent Fett.

Doppelrahm-Frischkäse ist etwas fester als Quark, sehr streichfähig und sahnig-mild im Geschmack. Fettgehalt: 60 bis 85 Prozent.

Ricotta ist ein italienischer Frischkäse mit etwa 20 Prozent Fett. Für die Rezepte wurde cremiger Ricotta verwendet.

Schlagsahne hat einen Fettgehalt von mindestens 30 Prozent. Je höher der Fettgehalt, desto mehr Volumen bekommt die Sahne beim Schlagen. Und sie bleibt fester in der Konsistenz.

Tipps rund um Käsekuchen

Eine **Garprobe** ist ratsam, besonders bei höheren Kuchen. Dafür ein Holzstäbchen in den Teig stechen: Wenn beim Herausziehen kein Teig mehr daran haftet, ist der Kuchen durchgebacken.

Teigböden lassen sich leicht trennen, wenn mit einem kleinen spitzen Messer die einzelnen Schichten markiert werden. Dafür den Boden an den entsprechenden Stellen ringsum einen Zentimeter tief einschneiden. Mit einem Tortenschneider lässt sich der Boden schnell teilen. Wer keinen Tortenschneider besitzt, kann sich mit reißfestem Faden helfen. Einfach den Faden um die Einschnitte legen, die Enden überkreuzen und den Boden mit straff gespanntem Faden teilen. Biskuitböden sollte man möglichst über Nacht stehen lassen, sie lassen sich dann besser durchschneiden. Sollten sie beim Schneiden dennoch einen Riss bekommen, kann man diesen mit etwas Eiweiß kitten.

Mit **Marmelade**, **Konfitüre** oder **Gelees** lassen sich Käsekuchen und Käsetorten verfeinern. Mal dient die Marmelade als Füllung, mal als Überzug für die Früchte oder anderen Belag, mal aromatisiert sie die Creme.

Wenn keine Kinder mitessen, kann man die Kuchen mit **Likör**, **Obstgeist** oder **Rum** veredeln.

Gelatine gibt Cremes und Schlagsahne die nötige Stabilität. Wichtig: Sie darf nicht zu stark erhitzt werden, denn dann verliert sie ihre gelierende Wirkung.

Mit **Quarkcreme** gefüllte Kuchen lassen sich leichter schneiden, wenn man das Messer zwischendurch in heißes Wasser taucht und abtrocknet.

Pistazien, Mandeln, Walnüsse, Haselnüsse, geröstet, gemahlen oder geraspelt, verfeinern Teige und Füllungen und sind obendrein eine hübsche Garnitur.

Kandierte Blüten Die Herstellung erfordert zwar etwas Zeit, das Ergebnis jedoch ist beachtlich. Käsekuchen und Käsetorten lassen sich aber auch mit Rosenlikör, Rosenkonfitüre, Holunderblüten und Holunderblütensaft verfeinern. Bei der Verwendung von essbaren Blüten ist darauf zu achten, nur ungespritzte zu verwenden.

Marzipanrosen Dafür 400 Gramm Marzipan-Rohmasse mit 200 Gramm gesiebtem Puderzucker verkneten und zwischen zwei Lagen Frischhaltefolie dünn ausrollen. Mit den Händen einzelne Blütenblätter formen und zu einer Blüte zusammensetzen. Wer rote oder rosa Rosen haben möchte, gibt 1 bis 2 Tropfen rote Lebensmittelfarbe zur Marzipanmasse. Für grüne Blätter und Blütenstiele fügt man einem Teil der Marzipanmasse 1 bis 2 Tropfen grüne Lebensmittelfarbe zu und formt daraus Blätter, Stiele und Ranken.

Schoko-Deko

Kuvertüre eignet sich gut für Glasuren, sie bleibt glänzend, wenn sie nach dem Abkühlen ein weiteres Mal geschmolzen und erst dann aufgestrichen wird. Um Verzierungen aus der Kuvertüre zu bereiten, füllen Sie geschmolzene Kuvertüre auf ein Backblech und schaben mit einem Spatel davon kleine Röllchen ab. Die Masse eignet sich auch zum Ausstechen mit kleinen Formen wie Herzen oder Kleeblättern. Schokoraspel lassen sich mit Hilfe einer groben Reibe herstellen. Die Kuvertüre sollte dafür gut gekühlt sein. Für Schokoladenfrüchte tauchen Sie Erdbeeren, Weintrauben, Kirschen, Ananasstücke usw. in geschmolzene Kuvertüre. Danach auf einem Kuchengitter den Überzug erstarren lassen.

Großmutters beste Käsekuchen

Käsekuchen ohne Boden

Für 1 Springform mit 26 cm Ø

Für den Teig

200 g Butter
200 g Zucker
1 Pck. Vanillezucker
6 Eier
1 TL abgeriebene
  Zitronenschale
4 EL Zitronensaft
1 Pck. Vanille-Puddingpulver
50 g Grieß
1 Pck. Backpulver
1 Prise Salz
125 g gehackte Mandeln
1 ½ kg abgetropfter Quark

Ausserdem

50 g zerlassene Butter
Puderzucker zum Bestäuben

1 Die Butter in eine Schüssel geben und schaumig rühren. Zucker und Vanillezucker dazugeben. Die Eier trennen. Das Eigelb unterrühren, Zitronenschale und Zitronensaft zufügen.

2 Den Backofen auf 180 °C (Gas Stufe 2–3, Umluft 160 °C) vorheizen. Puddingpulver, Grieß und Backpulver vermischen, mit dem Salz und den Mandeln zur Buttermasse geben. Den Quark durch ein Sieb streichen, zum Teig geben und alles glatt rühren. Das Eiweiß steif schlagen und unter den Teig heben.

3 Eine Springform einfetten, den Teig hineingeben und glatt streichen. Im vorgeheizten Backofen etwa 50 Minuten backen. Herausnehmen, mit Butter bestreichen und in der Form abkühlen lassen. Dann mit Puderzucker bestäuben. Nach Belieben mit Sahne, kandierten Früchten oder kandierten Rosenblättern ganieren.

Kandierte Rosenblütenblätter

2 Eiweiß leicht verquirlen, die frisch gepflückten, gereinigten Rosenblütenblätter damit bestreichen, das überflüssige Eiweiß abtropfen lassen. Dann die Blätter von beiden Seiten mit feinem Zucker (keinen Puderzucker verwenden) bestreuen. Im vorgeheizten Backofen bei 50 °C trocknen lassen. Dabei die Ofentür einen Spalt breit geöffnet lassen.

Runder Käsekuchen mit Äpfeln

Für 1 Springform mit 26 cm Ø

Für den Teig

150 g Mehl
50 g Zucker
1 Prise Salz
1 Pck. Vanillezucker
½ TL abgeriebene Zitronenschale
100 g kalte Butter

Für den Belag

100 g Rosinen
4 EL Rum
½ Pck. Vanille-Puddingpulver
100 g Zucker
¼ l Milch
200 g abgetropfter Quark
100 g Schmant
1 Ei
1 TL abgeriebene Zitronenschale
750 g säuerliche Äpfel, z. B. Gravensteiner oder Boskop
2 EL Zitronensaft
30 g gehackte Mandeln
100 g Aprikosenkonfitüre
1 EL Obstgeist

1 Das Mehl in eine Schüssel sieben, in die Mitte eine Vertiefung drücken. Zucker, Salz, Vanillezucker, Zitronenschale und die Butter in Stücken hineingeben. Mit Mehl bedecken. Die Zutaten von der Mitte her zu einem glatten Teig verkneten. 30 Minuten kalt stellen.

2 Den Backofen auf 200 °C (Gas Stufe 3, Umluft 180 °C) vorheizen. Eine Springform einfetten, den Teig auf bemehlter Fläche ausrollen, in die Form legen und etwas andrücken. Den Boden mit einer Gabel mehrmals einstechen und 10 Minuten vorbacken. Danach die Temperatur auf 180 °C (Gas Stufe 2–3, Umluft 160 °C) reduzieren.

3 Für den Belag die Rosinen waschen und mit Rum beträufeln. Das Puddingpulver mit dem Zucker in etwas kalter Milch verrühren. Die restliche Milch zum Kochen bringen, das angerührte Puddingpulver einrühren, aufwallen lassen, vom Herd nehmen und auskühlen lassen. Dabei ab und zu umrühren, damit sich keine Haut bildet. Quark, Schmant, Ei, Rosinen und Zitronenschale unterrühren.

4 Die Äpfel schälen, in Spalten schneiden, dabei das Kerngehäuse entfernen. Mit Zitronensaft beträufeln. Die Quarkmasse auf den vorgebackenen Teig streichen, die Apfelspalten darauf anordnen und mit den Mandeln bestreuen. Den Kuchen weitere 25 Minuten backen. Aprikosenkonfitüre durch ein Sieb streichen, erwärmen, mit dem Obstgeist verrühren und den Kuchen damit bestreichen.

Rahmkuchen

Für 1 Springform mit 26 cm Ø

Für den Teig

150 g Mehl
½ TL Backpulver
60 g Zucker
1 Ei
80 g kalte Butter

Für den Belag

500 g abgetropfter Quark
200 g Schmant
200 g Zucker
6 Eier
40 g Speisestärke
500 g Sahne

Für die Streusel

125 g Butter
125 g Zucker
150 g Mehl
1 EL Kakaopulver

Außerdem

2–3 EL Sahne
Puderzucker zum Bestäuben

1 Mehl und Backpulver vermischen, in eine Schüssel sieben, in die Mitte eine Vertiefung drücken. Zucker und Ei hineingeben, etwas Mehl vom Rand einrühren. Die Butter in Stücken darauf verteilen, mit Mehl bestäuben. Die Zutaten von der Mitte her zu einem glatten Teig verkneten. 30 Minuten kalt stellen. Den Backofen auf 180 °C (Gas Stufe 2–3, Umluft 160 °C) vorheizen.

2 Eine Springform einfetten. Den Teig auf bemehlter Fläche ausrollen, in die Form legen und einen Rand hochziehen. Den Boden mit einer Gabel mehrmals einstechen. 10 Minuten vorbacken.

3 Für den Belag den Quark durch ein Sieb streichen, mit dem Schmant verrühren. Zucker, Eier und Speisestärke dazugeben. Die Sahne steif schlagen und unterheben.

4 Butter, Zucker, Mehl und Kakao mischen und zu Streuseln verarbeiten. Die Streusel in den Kühlschrank stellen. Die Quarkmasse auf den vorgebackenen Teig streichen, die kalten Streusel darauf verteilen. Den Rahmkuchen noch weitere 30 Minuten backen.

5 Den fertigen Kuchen herausnehmen, sofort mit der Sahne beträufeln und mit Puderzucker bestäuben.

Birnen-Käsekuchen

Für 1 Backblech

Für den Teig

300 g Mehl
2 TL Backpulver
180 g Zucker
1 Pck. Vanillezucker
1 TL Zimt
1 Ei
1 Eigelb
180 g Butter
175 g gemahlene Mandeln

Für den Belag

1 ½ kg Birnen
Saft von 1 Zitrone
4 Eier
150 g Zucker
30 g Speisestärke
500 g abgetropfter Quark
100 g gehackte Mandeln
50 g Butter

Ausserdem

125 g Zartbitter-Kuvertüre

1 Mehl und Backpulver in eine Schüssel sieben, in die Mitte eine Vertiefung drücken. Zucker, Vanillezucker, Zimt, Ei und Eigelb hineingeben, die Butter in Stückchen sowie die Mandeln darauf verteilen. Mit Mehl vom Rand bedecken und von der Mitte her alles rasch zu einem glatten Teig verkneten. 30 Minuten kalt stellen.

2 Ein Backblech einfetten. Den Teig auf bemehlter Fläche ausrollen und auf das Backblech legen, dabei einen kleinen Rand hochziehen. Den Boden mit einer Gabel mehrmals einstechen. Den Backofen auf 200 °C (Gas Stufe 3, Umluft 180 °C) vorheizen.

3 Für den Belag die Birnen schälen, vierteln und das Kerngehäuse entfernen. Die Birnenviertel in Spalten schneiden und sofort mit Zitronensaft übergießen.

4 Die Eier trennen. Eigelb, Zucker und Speisestärke verrühren. Den Quark durch ein Sieb streichen und unterrühren. Das Eiweiß steif schlagen und unterheben.

5 Die Quarkmasse auf den Teig streichen, die Birnenspalten gleichmäßig darauf verteilen und mit den Mandeln bestreuen. Die Butter in Stückchen daraufsetzen.

6 Den Kuchen im vorgeheizten Backofen etwa 35 Minuten backen. Herausnehmen und auskühlen lassen. Die Kuvertüre im warmen Wasserbad schmelzen und den Kuchen mit Linien verzieren.

Feiner Käsekuchen mit Rosinen

Für 1 Backblech

Für den Teig

450 g Mehl
30 g Hefe
100 g Zucker
¼ l Milch
1 Ei
1 Pck. Vanillezucker
1 Prise Salz
80 g weiche Butter

Für den Belag

150 g Rosinen
6 EL Rum
1 ½ kg abgetropfter Quark
6 Eier
1 Prise Salz
Schale und Saft von
1 unbehandelten Zitrone
250 g Zucker
1 Pck. Vanille-Puddingpulver
1 EL Zucker
250 g Sahne
100 g Johannisbeergelee

1 Das Mehl in eine Schüssel sieben, in die Mitte eine Vertiefung drücken. Die Hefe zerbröckeln, mit 1 Teelöffel Zucker in etwas lauwarmer Milch verrühren, in die Vertiefung gießen und mit etwas Mehl vom Rand mischen. Den Vorteig zugedeckt an einem warmen Ort 20 Minuten gehen lassen.

2 Auf dem Mehlrand den restlichen Zucker, das Ei, den Vanillezucker, das Salz und die Butter in Stückchen verteilen. Von der Mitte her die Zutaten zu einem glatten Teig verkneten, dabei die restliche Milch zufügen. Nochmals 30 Minuten gehen lassen.

3 Für den Belag die Rosinen waschen und mit Rum beträufeln. Den Quark durch ein Sieb in eine Schüssel streichen. Die Eier trennen. Eigelb, Quark, Salz, Zitronenschale und Zitronensaft, Zucker, Puddingpulver und die Rumrosinen verrühren. Das Eiweiß mit dem Zucker steif schlagen und unterheben. Die Sahne steif schlagen und ebenfalls unterheben.

4 Den Backofen auf 180 °C (Gas Stufe 2–3, Umluft 160 °C) vorheizen. Ein Backblech einfetten. Den Teig auf bemehlter Fläche ausrollen, auf das Blech legen, einen Rand hochziehen. Den Boden mit einer Gabel mehrmals einstechen. Die Quarkmasse daraufstreichen und den Kuchen etwa 45 Minuten backen.

5 Den Kuchen aus dem Ofen nehmen und in der Form auskühlen lassen. Das Gelee etwas erwärmen, in dünnen Linien über den Kuchen ziehen.

Johannisbeer-Käsekuchen

Für 1 Backblech

Für den Teig

500 g Mehl
30 g Hefe
100 g Zucker
¼ l Milch
1 Ei
100 g Butter
50 g gehackte Mandeln
1 Pck. Vanillezucker

Für den Belag

1 kg Johannisbeeren
2 Eier
200 g abgetropfter Quark
300 g Doppelrahm-Frischkäse
2 EL Obstgeist
100 g Zucker
1 TL abgeriebene Zitronenschale
½ Pck. Vanille-Puddingpulver
1 Prise Salz

Für die Decke

4 Eier
½ Pck. Vanille-Puddingpulver
100 g Zucker
¼ l Milch

1 Das Mehl in eine Schüssel sieben, in die Mitte eine Vertiefung drücken. Die Hefe zerbröckeln, mit 1 Teelöffel Zucker in etwas lauwarmer Milch verrühren, in die Vertiefung gießen und mit etwas Mehl vom Rand mischen. Den Vorteig zugedeckt an einem warmen Ort 20 Minuten gehen lassen.

2 Auf dem Mehlrand den restlichen Zucker, das Ei, die Butter in Stückchen, Mandeln und Vanillezucker verteilen. Von der Mitte her die Zutaten zu einem glatten Teig verkneten, dabei die restliche Milch zufügen. Nochmals 30 Minuten gehen lassen.

3 Ein Backblech einfetten. Den Teig auf bemehlter Fläche ausrollen, auf das Blech legen und einen Rand hochziehen. Den Boden mit einer Gabel mehrmals einstechen.

4 Für den Belag die Johannisbeeren waschen und von den Rispen streifen. Die Eier trennen. Den Quark durch ein Sieb streichen, Frischkäse, Obstgeist, Zucker und Zitronenschale unterrühren. Eigelb und Puddingpulver einrühren. Das Eiweiß mit dem Salz steif schlagen und unterheben.

5 Die Quarkmasse auf dem Teig verteilen, die Johannisbeeren daraufgeben. Den Backofen auf 200 °C (Gas Stufe 3, Umluft 180 °C) vorheizen.

6 Für die Decke die Eier trennen. Puddingpulver, Zucker und Milch unter Rühren zum Kochen brin-

gen, vom Herd nehmen, etwas auskühlen lassen, das Eigelb zufügen. Eiweiß steif schlagen und unterheben. Die Masse auf den Johannisbeeren verteilen.

7 Den Kuchen etwa 35 Minuten backen. Darauf achten, dass die Kuchendecke nicht zu dunkel wird. Wenn nötig, mit Alufolie abdecken.

Knuspriger Käsekuchen

Für 1 Backblech

Für den Teig

600 g TK-Blätterteig

Für den Belag

500 g Brombeeren
2 Eier
200 g abgetropfter Quark
200 g Doppelrahm-Frischkäse
100 g Sahne
100 g Zucker
1 TL abgeriebene Zitronenschale

Außerdem

80 g Butter
125 g gemahlene Mandeln
2 EL Blütenhonig

1 Den Blätterteig auftauen. Teilen und auf bemehlter Arbeitsfläche zwei Teigböden ausrollen. Ein Backblech mit Wasser abspülen, eine Teigplatte darauflegen. Mit einer Gabel mehrmals einstechen.

2 Die Brombeeren abbrausen und abtropfen lassen. Die Eier trennen. Eigelb mit Quark, Frischkäse, Sahne, Zucker und Zitronenschale verrühren. Das Eiweiß steif schlagen und unterziehen. Die Masse auf die Teigplatte streichen. Die Brombeeren darauf verteilen, etwas in die Quarkmasse eindrücken.

3 Den Backofen auf 200 °C (Gas Stufe 3, Umluft 180 °C) vorheizen. Die zweite Teigplatte auf die Quarkmasse legen. Die Ränder festdrücken und die Teigplatte mit einer Gabel mehrmals einstechen.

4 Die Butter erhitzen, Mandeln und Blütenhonig einrühren. Die obere Teigplatte damit bestreichen. Im vorgeheizten Backofen etwa 35 Minuten backen.

Kirsch-Käsekuchen

Für 1 Backblech

Für den Teig

400 g Mehl
1 TL Backpulver
2 Eier
100 g Zucker
1 Prise Salz
2 EL Kakaopulver
3 EL Milch
200 g kalte Butter

Für den Belag

1 kg Sauerkirschen
6 Eier
800 g Ricotta
100 ml Milch
250 g Zucker
1 Pck. Vanillezucker
125 g Mehl
50 g gehackte Mandeln

Ausserdem

Puderzucker zum Bestäuben

1 Mehl und Backpulver vermischen, in eine Schüssel sieben, in die Mitte eine Vertiefung drücken. Eier, Zucker, Salz, Kakao und die Milch hineingeben. Die Butter in Stücken darauf verteilen, etwas Mehl vom Rand darübergeben. Die Zutaten von der Mitte her zu einem glatten Teig verkneten. 1 Stunde kalt stellen.

2 Ein Backblech einfetten. Den Teig auf bemehlter Fläche ausrollen, auf das Blech legen, einen Rand hochziehen. Den Boden mit einer Gabel mehrmals einstechen. Den Backofen auf 180 °C (Gas Stufe 2–3, Umluft 160°C) vorheizen.

3 Für den Belag die Kirschen putzen, waschen und entsteinen. Werden Kirschen aus dem Glas verwendet, diese in einem Sieb abtropfen lassen. Den Saft anderweitig verwenden.

4 Die Eier trennen, Eigelb mit Ricotta, Milch, Zucker und Vanillezucker verrühren. Das Mehl sieben und untermischen. Eiweiß steif schlagen und vorsichtig unterheben.

5 Die Kirschen auf den Teig geben, mit den Mandeln bestreuen. Die Quarkcreme darauf verteilen und den Kuchen im vorgeheizten Ofen etwa 40 Minuten backen. Herausnehmen, auf einem Kuchengitter abkühlen lassen und mit Puderzucker bestäuben.

Naumburger Käsekuchen

Für 1 Springform mit 26 cm Ø

Für den Krümelteig

250 g Mehl
150 g Zucker
1 Eigelb
4 EL Rum
150 g kalte Butter
½ Pck. Backpulver
1 Pck. Vanillezucker
½ TL Zimt

Für den Belag

5 Eier
125 g weiche Butter
150 g Zucker
1 Pck. Vanillezucker
50 g Grieß
1 TL abgeriebene Zitronenschale
750 g abgetropfter Quark
125 g Pflaumenmus

Ausserdem

Puderzucker zum Bestäuben

1 Mehl, Zucker, Eigelb, Rum, Butter, Backpulver, Vanillezucker und Zimt zu Krümeln verarbeiten und kalt stellen.

2 Eine Springform einfetten. Die Hälfte der Krümel einfüllen und etwas andrücken. Den Backofen auf 200 °C (Gas Stufe 3, Umluft 180 °C) vorheizen.

3 Für den Belag die Eier trennen. Die Butter schaumig rühren. Eigelb, Zucker, Vanillezucker, Grieß und Zitronenschale unterrühren. Den Quark durch ein Sieb streichen und zusammen mit dem Pflaumenmus untermengen. Das Eiweiß steif schlagen und unterheben.

4 Die Masse auf dem Krümelteig verteilen und mit den restlichen Krümeln bedecken. Im vorgeheizten Backofen etwa 35 Minuten backen. Mit Puderzucker bestäuben.

Fränkischer Käsekuchen

Für 1 Backblech

Für den Teig

500 g Mehl
35 g Hefe
100 g Zucker
¼ l Milch
100 g weiche Butter
1 Prise Salz
2 Eier

Für den Belag

750 g abgetropfter Quark
3 Eier
100 g Sahne
125 g Zucker
1 TL abgeriebene Zitronenschale
1 kg Äpfel
2 EL Zitronensaft

Ausserdem

2 ½ EL Zucker
½ EL Zimt

1 Das Mehl in eine Schüssel sieben, in die Mitte eine Vertiefung drücken. Die Hefe zerbröckeln, mit 1 Teelöffel Zucker in etwas lauwarmer Milch verrühren. Die Hefemilch in die Vertiefung gießen und mit etwas Mehl vom Rand mischen. Den Vorteig zugedeckt an einem warmen Ort 20 Minuten gehen lassen.

2 Auf dem Mehlrand den restlichen Zucker, die Butter in Stückchen, Salz und Eier verteilen. Von der Mitte her die Zutaten zu einem glatten Teig verkneten, dabei die restliche Milch zufügen. Den Teig nochmals 30 Minuten gehen lassen.

3 Für den Belag den Quark durch ein Sieb streichen, mit Eiern, Sahne, Zucker und Zitronenschale verrühren. Die Äpfel schälen, vierteln und in Spalten schneiden, dabei das Kerngehäuse entfernen. Die Stücke sofort mit Zitronensaft beträufeln.

4 Den Backofen auf 200 °C (Gas Stufe 3, Umluft 180 °C) vorheizen. Ein Backblech einfetten. Den Teig auf bemehlter Fläche ausrollen, auf das Blech legen, einen Rand hochziehen und den Boden mit einer Gabel mehrmals einstechen.

5 Die Quarkmasse auf die Teigplatte streichen, darauf die Apfelspalten anordnen. Den Kuchen in den vorgeheizten Ofen schieben und etwa 45 Minuten backen. Zucker mit Zimt mischen und den fertigen Kuchen damit bestreuen, dafür kann er ruhig noch warm sein. Auf einem Kuchengitter abkühlen lassen.

Zupfkuchen

Für 1 Backblech

Für den Teig

250 g weiche Butter
200 g Zucker
3 Eier
1 Pck. Vanillezucker
600 g Mehl
1 Pck. Backpulver
3 EL Kakaopulver

Für den Belag

1 kg abgetropfter Quark
250 g Zucker
1 TL abgeriebene Zitronenschale
4 Eier
250 g weiche Butter
2 Pck. Vanille-Puddingpulver
100 ml Milch

Ausserdem

Puderzucker zum Bestäuben

1 Die Butter schaumig rühren. Zucker, Eier und Vanillezucker dazugeben. Mehl und Backpulver sieben, Kakao untermischen, alles unter die Buttermasse mengen.

2 Ein Backblech einfetten. Zwei Drittel des Teiges auf bemehlter Fläche ausrollen, auf das Blech legen und einen Rand hochziehen. Den Backofen auf 180 °C (Gas Stufe 2–3, Umluft 160 °C) vorheizen.

3 Für den Belag den Quark durch ein Sieb in eine Schüssel streichen. Zucker, Zitronenschale, Eier und Butter untermengen. Puddingpulver und Milch verrühren und hinzufügen. Die Masse auf den Teig streichen.

4 Aus dem restlichen Teig kleine Stücke zupfen und auf der Quarkmischung verteilen. Den Kuchen etwa 40 Minuten backen. Herausnehmen, abkühlen lassen und mit Puderzucker bestäuben.

Variante

Sieben Sie das Mehl grundsätzlich vor der Teigbereitung. Dann ist es aufgelockert und verbindet sich besser mit den übrigen Zutaten. Wenn Sie den Teig feinporiger und zarter haben möchten, ersetzen Sie einen Teil des Mehls (etwa ¼) durch Speisestärke. Beim Zupfkuchen verwenden Sie 450 Gramm Mehl und 150 Gramm Speisestärke.

Thüringer Käsekuchen

Für 1 Backblech

Für den Teig

400 g Mehl
30 g Hefe
80 g Zucker
200 ml Milch
1 Prise Salz
100 g Butter
1 Ei

Für den Belag

500 g abgetropfter Quark
2 Eier
30 g Mehl
125 g Zucker
1 Pck. Vanillezucker
125 g Sahne
1 ½ kg Pflaumen

Für die Decke

150 g Marzipan-Rohmasse
2 Eigelb
50 g Zucker
200 g Doppelrahm-Frischkäse
100 g Schmant
30 g gehackte Mandeln

1 Das Mehl in eine Schüssel sieben, in die Mitte eine Vertiefung drücken. Die Hefe zerbröckeln, mit 1 Teelöffel Zucker in etwas lauwarmer Milch verrühren. Die Hefemilch in die Vertiefung gießen und mit etwas Mehl vom Rand mischen. Den Vorteig zugedeckt an einem warmen Ort 20 Minuten gehen lassen.

2 Auf dem Mehlrand den restlichen Zucker, das Salz, die Butter in Stückchen sowie das Ei verteilen. Von der Mitte her die Zutaten zu einem glatten Teig verkneten, dabei die restliche Milch zugeben. Nochmals 30 Minuten gehen lassen.

3 Für den Belag den Quark durch ein Sieb streichen. Mit Eiern, Mehl, Zucker, Vanillezucker und Sahne verrühren. Die Pflaumen waschen, halbieren und entsteinen.

4 Den Backofen auf 200 °C (Gas Stufe 3, Umluft 180 °C) vorheizen. Ein Backblech einfetten. Den Teig auf einer bemehlter Fläche ausrollen, auf das Blech legen, einen Rand hochziehen. Den Boden mit einer Gabel mehrmals einstechen. Die Quarkmasse daraufstreichen. Die Pflaumen darauf dachziegelartig anordnen.

5 Marzipan-Rohmasse gut zerkleinern, mit Eigelb, Zucker, Frischkäse, Schmant und Mandeln verrühren, bis eine möglichst glatte, feine Masse entstanden ist. Die Pflaumen damit überziehen. Den Kuchen im vorgeheizten Backofen etwa 40 Minuten backen. Aus dem Ofen nehmen und auf einem Kuchengitter abkühlen lassen.

Schwäbischer Käsekuchen

Für 1 Springform mit 26 cm Ø

Für den Teig

150 g Mehl
½ TL Backpulver
70 g Zucker
1 Pck. Vanillezucker
1 Ei
70 g kalte Butter

Für den Belag

6 Eier
500 g abgetropfter Quark
125 g saure Sahne
250 g Zucker
80 g Rosinen
1 TL abgeriebene Zitronenschale
2 EL Zitronensaft
1 Prise Salz
50 g Speisestärke
100 g zerlassene Butter

Ausserdem

Puderzucker zum Bestäuben

1 Mehl und Backpulver vermischen, in eine Schüssel sieben, in die Mitte eine Vertiefung drücken. Zucker, Vanillezucker und das Ei hineingeben und mit etwas Mehl vermischen. Die Butter in Stücken darauf verteilen und mit etwas Mehl bedecken. Die Zutaten von der Mitte her zu einem glatten Teig verkneten. 30 Minuten kalt stellen.

2 Eine Springform einfetten. Den Backofen auf 200 °C (Gas Stufe 3, Umluft 180 °C) vorheizen. Für den Belag die Eier trennen. Den Quark durch ein Sieb streichen, mit Eigelb, saurer Sahne und Zucker verrühren. Die Rosinen waschen und trockentupfen. Mit Zitronenschale, Zitronensaft, Salz, Speisestärke und Butter unter die Quarkmasse rühren. Das Eiweiß steif schlagen und unterheben.

3 Den Teig ausrollen, in die Form legen, den Boden mit einer Gabel mehrmals einstechen. Die Quarkmasse daraufgeben und glatt streichen. Den Kuchen im vorgeheizten Backofen etwa 40 Minuten backen. Herausnehmen und auf einem Kuchengitter auskühlen lassen, mit Puderzucker bestäuben.

Variante

Fügen Sie dem Belag eine Messerspitze Zimt zu. Zimt verfeinert, muss aber vorsichtig dosiert werden.

Käsekuchen mit Cassisgelee

Für 1 Springform mit 26 cm Ø

Für den Teig

180 g Mehl
60 g Zucker
1 Prise Salz
1 Eigelb
100 g kalte Butter

Für den Belag

4 Pfirsiche
60 g gemahlene Mandeln
130 g Zucker
3 Eier
400 g Ricotta
100 g Schmant
1 TL abgeriebene Zitronenschale

Für das Gelee

3 Blatt rote Gelatine
⅛ l Cassis (schwarzer Johannisbeerlikör)
150 g Johannisbeergelee

1 Das Mehl in eine Schüssel sieben, in die Mitte eine Vertiefung drücken. Zucker, Salz, Eigelb und 1 Esslöffel Wasser hineingeben. Etwas Mehl vom Rand zufügen, einen Brei bereiten. Die Butter in Stücken darauf verteilen, mit etwas Mehl bedecken. Die Zutaten von der Mitte her zu einem glatten Teig verkneten. 30 Minuten kalt stellen.

2 Den Backofen auf 200 °C (Gas Stufe 3, Umluft 180 °C) vorheizen. Eine Springform einfetten. Den Teig auf bemehlter Fläche ausrollen, in die Form geben und den Boden mit einer Gabel mehrmals einstechen. Im vorgeheizten Backofen 10 Minuten vorbacken. Danach die Hitze auf 180 °C (Gas Stufe 3, Umluft 160 °C) reduzieren.

3 Die Pfirsiche überbrühen und die Haut abziehen, danach halbieren und entsteinen. Mandeln mit 30 Gramm Zucker vermischen und auf den Teig streuen. Die Pfirsichhälften mit der Rundung nach oben darauflegen.

4 Die Eier trennen. Ricotta, Schmant und restlichen Zucker verrühren. Eigelb und Zitronenschale hinzufügen. Das Eiweiß steif schlagen und unterheben. Die Creme über den Früchten verteilen und den Kuchen etwa 45 Minuten backen. Herausnehmen und auskühlen lassen.

5 Die Gelatine in kaltem Wasser einweichen. Den Cassis mit 50 Millilitern Wasser aufkochen. Vom Herd nehmen, etwas abkühlen lassen, die ausgedrückte Gelatine darin auflösen, dann das Johannisbeergelee einrühren. Sobald die Masse zu gelieren beginnt, mit einem Esslöffel auf der Ricottacreme verteilen.

Heidelbeer-Käsekuchen

Für 1 Backblech

Für den Teig

200 g abgetropfter Quark
100 ml Milch
1 Ei
⅛ l Öl
1 Pck. Vanillezucker
1 Prise Salz
400 g Mehl
1 Pck. Backpulver

Für den Belag

1 kg Heidelbeeren
500 g abgetropfter Quark
125 g Sahne
2 Eier
30 g Speisestärke
200 g Zucker
1 TL abgeriebene Zitronenschale
2 EL Zitronensaft
1 Eigelb
400 g Schmant

Ausserdem

50 g Mandelblättchen

1 Den Quark durch ein Sieb streichen. Milch, Ei, Öl, Vanillezucker und Salz unterrühren. Mehl und Backpulver vermischen, auf die Quarkmasse sieben und unterkneten.

2 Den Backofen auf 200 °C (Gas Stufe 3, Umluft 180 °C) vorheizen. Ein Backblech einfetten. Den Teig auf bemehlter Fläche ausrollen, auf das Blech legen und einen Rand hochziehen.

3 Die Heidelbeeren waschen und abtropfen lassen. Den Quark durch ein Sieb streichen. Sahne, 1 Ei, Speisestärke, 100 Gramm Zucker, Zitronenschale und Zitronensaft unterrühren. Die Quarkmasse auf den Teig streichen und mit den Heidelbeeren belegen.

4 Eigelb, Schmant, das zweite Ei und den restlichen Zucker verrühren, die Beeren damit überziehen. Den Kuchen im vorgeheizten Backofen etwa 35 Minuten backen.

5 Die Mandelblättchen in einer beschichteten Pfanne ohne Fett goldbraun rösten. Den fertigen Kuchen aus dem Ofen nehmen und noch warm mit den Mandelblättchen bestreuen.

Variante

Als Belag eignen sich auch Kirschen, Äpfel, Stachelbeeren, Rhabarber oder Johannisbeeren.

Himmlische Käsetorten und Käsetörtchen

Beeren-Käsetorte

Für 1 Springform mit 26 cm Ø

Für den Teig

4 Eier
150 g Zucker
1 Pck. Vanillezucker
1 Prise Salz
100 g Mehl
50 g Speisestärke
40 g Kakaopulver
1 TL Backpulver
50 g zerlassene Butter

Für die Creme

4 Blatt weiße Gelatine
300 g abgetropfter Quark
300 g Jogurt
100 g Zucker
2 Pck. Vanillezucker
2 EL Zitronensaft
2 EL Himbeergeist
250 g Sahne
300 g Himbeeren

Ausserdem

250 g Johannisbeergelee
100 g geraspelte Zartbitterschokolade
500 g Beerenobst (Erdbeeren, Brombeeren, Heidelbeeren)

1 Backofen auf 180 °C (Gas Stufe 2–3, Umluft 160 °C) vorheizen. Die Eier trennen. Eigelb mit 2 Esslöffeln warmem Wasser schaumig schlagen. Zucker und Vanillezucker zufügen.
Das Eiweiß mit dem Salz steif schlagen und auf die Eigelbmasse geben. Mehl, Speisestärke, Kakao und Backpulver vermischen, auf den Eischnee sieben und mit der Butter unterheben.

2 Eine Springform mit Backpapier auslegen, den Teig hineingeben und im vorgeheizten Backofen etwa 25 Minuten backen. Herausnehmen, auskühlen lassen. Den Boden waagerecht durchschneiden.

3 Für die Creme die Gelatine in kaltem Wasser einweichen. Den Quark durch ein Sieb streichen, mit Jogurt, Zucker, Vanillezucker und Zitronensaft verrühren. Die Gelatine ausdrücken, in erwärmtem Himbeergeist auflösen und unter die Quarkmasse rühren. Die Sahne steif schlagen und unterheben. Die Hälfte der Creme kalt stellen.

4 Die Himbeeren kurz waschen, abtropfen lassen, pürieren und zum Cremerest geben. Zwei Stunden kalt stellen.

5 Beide Böden mit jeweils einem Drittel des Johannisbeergelees bestreichen. Den unteren Boden mit der Himbeercreme bestreichen, den anderen Boden daraufgeben und alles rundum mit der hellen Quarkcreme bestreichen. Den Rand der Torte mit geraspelter Schokolade verzieren. Die Beeren waschen und putzen, die Erdbeeren halbieren. Die Torte damit dekorieren. Das restliche Johannisbeergelee leicht erwärmen und die Beeren damit überziehen.

Mokka-Käsetorte

Für 1 Springform mit 26 cm Ø

Für den Teig

5 Eier
100 g Zucker
1 Prise Salz
70 g Mehl
50 g Speisestärke
½ TL Backpulver
30 g fein gemahlener Kaffee
1 TL Kakaopulver
150 ml Mokkalikör

Für die Creme

4 Blatt weiße Gelatine
125 g Mandelmakronen
60 ml Mokkalikör
3 Eigelb
100 g Zucker
1 Prise Salz
125 g Kakaopulver
1 EL Walnussöl
500 g Mascarpone

1 Den Backofen auf 180 °C (Gas Stufe 2–3, Umluft 160 °C) vorheizen. Die Eier trennen. Eigelb mit Zucker, Salz und 3 Esslöffeln warmem Wasser schaumig rühren. Mehl, Speisestärke und Backpulver vermischen, sieben und mit dem Kaffee und dem Kakao vermischen. Das Eiweiß steif schlagen, auf die Eigelbmasse geben und mit der Mehlmischung unterheben.

2 Eine Springform einfetten, mit Mehl bestäuben, den Teig einfüllen und glatt streichen. Im vorgeheizten Backofen etwa 25 Minuten backen. Herausnehmen, auskühlen lassen, zweimal waagerecht durchschneiden. Die drei Böden mit dem Mokkalikör beträufeln.

3 Die Gelatine in kaltem Wasser einweichen. Die Makronen zerdrücken und mit dem Mokkalikör vermischen. Eigelb mit 50 Gramm Zucker und dem Salz schaumig rühren. Den restlichen Zucker mit dem Kakao vermischen, 300 Milliliter lauwarmes Wasser und das Öl einrühren. Die Hälfte davon auf den untersten und auf den mittleren Tortenboden streichen, den Rest beiseite stellen.

4 Die Gelatine tropfnass bei geringer Hitze auflösen und unter die Eigelbmasse ziehen. Mascarpone einrühren. Die Hälfte der getränkten Makronenbrösel unterheben. Kalt stellen, bis die Gelatine fest zu werden beginnt.

5 Die Hälfte der Creme auf den untersten Tortenboden streichen. Den zweiten Boden auflegen und mit der restlichen Creme bestreichen. Den letzten Boden auflegen. Die Torte ringsum mit der beiseite gestellten Kakaomasse bestreichen. Die restlichen Makronenbrösel aufstreuen.

Kokostorte

Für 1 Springform mit 26 cm Ø

Für den Teig

175 g Kokosraspel
200 g Butter
400 g Zucker
4 Eier
250 g saure Sahne
225 g Mehl
30 g Speisestärke
½ Pck. Backpulver
⅛ l Kokosmilch

Für die Creme

2 Blatt weiße Gelatine
250 g abgetropfter Quark
250 g Ricotta
100 g weiche Butter
200 g Zucker
200 g Sahne

Ausserdem

200 g frische Kokosnuss
125 g Johannisbeergelee
125 g Ricotta
20 g Puderzucker
150 g Crème double
½ TL abgeriebene Zitronenschale
1–2 EL Johannisbeergelee
kandierte Rosenblütenblätter (Seite 8)

1 Den Backofen auf 180 °C (Gas Stufe 2–3, Umluft 160 °C) vorheizen. Die Kokosraspel in einer Pfanne ohne Fett rösten.

2 Butter mit Zucker schaumig schlagen. Eier und saure Sahne unterrühren. Mehl, Speisestärke und Backpulver vermischen, sieben und unterheben. Die Kokosmilch und die ausgekühlten Kokosraspel unterrühren.

3 Eine Backform mit Backpapier auslegen, den Teig einfüllen und im vorgeheizten Backofen etwa 35 Minuten backen. Herausnehmen, noch 10 Minuten in der Form lassen, dann auf ein Kuchengitter stürzen. Das Backpapier abziehen. Den Kuchen auskühlen lassen, waagerecht durchschneiden.

4 Die Gelatine in kaltem Wasser einweichen. Den Quark durch ein Sieb streichen, Ricotta, Butter und Zucker unterrühren. Die Gelatine tropfnass in einem kleinen Topf erwärmen, auflösen und zur Quarkmasse geben. Die Sahne steif schlagen und unterheben. Frische Kokosnuss in dünne Streifen schneiden, in einer Pfanne ohne Fett goldgelb rösten. Abkühlen lassen.

5 Den unteren Boden mit 125 Gramm Johannisbeergelee bestreichen und mit den Kokosnussstreifen belegen. Die Creme daraufgeben. Den anderen Boden darauflegen. Ricotta, Puderzucker, Crème double und Zitronenschale verühren. Die Torte damit bestreichen. Sobald die Masse fest geworden ist, 1–2 Esslöffel erwärmtes Johannisbeergelee in dünnen Fäden über die Torte ziehen. Nach Belieben mit kandierten Rosenblütenblättern verzieren.

Käsetorte mit Brombeergelee

Für 1 Springform mit 26 cm Ø

Für den Teig

100 g weiche Butter
200 g Zucker
1 TL abgeriebene Orangenschale
3 Eier
1 Prise Salz
125 g Mehl
100 g gemahlene Mandeln
1 EL Orangenlikör
50 g Mandelblättchen

Für die Creme

4 Blatt weiße Gelatine
2 Eier
100 g abgetropfter Quark
300 g Doppelrahm-Frischkäse
2 EL Zucker
4 EL Zitronensaft
2 EL Orangenlikör
250 g Sahne

Ausserdem

250 g Brombeer- oder Himbeergelee
250 g Sahne
1 Pck. Vanillezucker
50 g Zucker
1 Pck. Sahnesteif
50 g gehackte Pistazien

1 Den Backofen auf 180 °C (Gas Stufe 2–3, Umluft 160 °C) vorheizen. Butter, Zucker und Orangenschale schaumig rühren. Eier und Salz zugeben. Das Mehl sieben, mit den Mandeln unterrühren. Den Likör unterziehen. Eine Springform einfetten, den Teig einfüllen und mit den Mandelblättchen bestreuen. Etwa 30 Minuten backen. Herausnehmen, auskühlen lassen und waagerecht durchschneiden.

2 Für die Creme die Gelatine in kaltem Wasser einweichen. Die Eier trennen. Den Quark durch ein Sieb streichen, mit Eigelb, Frischkäse, Zucker und Zitronensaft verrühren. Den Orangenlikör leicht erwärmen, die abgetropfte Gelatine darin auflösen und unter die Quarkmasse ziehen. Kalt stellen.

3 Sobald die Masse fest wird, Sahne und Eiweiß getrennt steif schlagen und nacheinander unterziehen. 30 Minuten kalt stellen.

4 Den unteren Teigboden mit der Hälfte des Brombeergelees und der Creme bestreichen. Den oberen Boden aufsetzen und mit der anderen Hälfte Brombeergelee und Creme bestreichen. Sahne mit Vanillezucker, Zucker und Sahnesteif steif schlagen. In einen Spritzbeutel mit Lochtülle füllen und die Torte damit verzieren. In die Tortenmitte Pistazien streuen.

Pfirsich-Käsetorte

Für 1 Tortenring mit 26 cm Ø

Für den Boden

125 g gemahlene Haselnüsse
200 g Pumpernickel
150 g Zartbitter-Kuvertüre
1 TL Öl

Für die Creme

6 Blatt weiße Gelatine
2 Eier
1 TL abgeriebene Zitronenschale
3 EL Zitronensaft
100 g Zucker
500 g Ricotta
1 Prise Salz
300 g Sahne
1 Pck. Vanillezucker

Ausserdem

1 Dose Pfirsiche (Abtropfgewicht 490 g)
1 Pck. heller Tortenguss
200 g Sahne
1 TL Sahnesteif
30 g gehackte Pistazien
15 g halbierte Pistazien

1 Haselnüsse in einer Pfanne ohne Fett anrösten. Pumpernickel fein zerkleinern, ebenfalls anrösten. Kuvertüre zerkleinern, im heißen Wasserbad schmelzen. Haselnüsse und Pumpernickel untermischen und alles gut verrühren.

2 Einen Tortenring auf eine Tortenplatte legen, den Boden mit Öl bestreichen. Die Nuss-Schoko-Masse hineingeben und glatt streichen.

3 Für die Creme die Gelatine in kaltem Wasser einweichen. Die Eier trennen. Eigelb, Zitronenschale, Zitronensaft und Zucker im heißen Wasserbad cremig rühren. Gelatine ausdrücken, unter die Eigelbmasse rühren. Den Ricotta hinzufügen.

4 Eiweiß mit Salz steif schlagen. Sahne mit Vanillezucker steif schlagen. Sahne und Eischnee unter die Käsecreme heben. Die Creme auf den Boden streichen und 1 Stunde kalt stellen.

5 Die Pfirsiche abtropfen lassen, dabei den Saft auffangen. Pfirsiche in Spalten schneiden, auf der Käsetorte anordnen. Tortenguss nach Packungsanleitung zubereiten, dafür den Pfirsichsaft verwenden. Die Pfirsiche mit dem Guss überziehen.

6 Die Sahne mit dem Sahnesteif steif schlagen, in einen Spritzbeutel mit Sterntülle füllen und die Torte damit dekorieren. Zum Schluss die Pistazien aufstreuen.

Beeren-Sahne-Torte

Für 2 Springformen mit 26 cm Ø

Für den ersten Boden

150 g Mehl
30 g Kakaopulver
1 TL Backpulver
50 g Zucker
1 Pck. Vanillezucker
2 Eigelb
1 EL Milch
100 g kalte Butter
125 g Himbeerkonfitüre

Für den zweiten Boden

6 Eier
150 g Zucker
1 Pck. Vanillezucker
100 g Mehl
75 g Speisestärke
40 g Kakaopulver

Für die Creme

750 g Heidelbeeren aus dem Glas
6 Blatt weiße Gelatine
200 g abgetropfter Quark
200 g Doppelrahm-Frischkäse
125 g Zucker
1 TL abgeriebene Zitronenschale
4 EL Zitronensaft
400 g Sahne

Ausserdem

geraspelte weiße Schokolade zum Garnieren

1 Für den ersten Teigboden Mehl, Kakao und Backpulver vermischen, in eine Schüssel sieben, in die Mitte eine Vertiefung drücken. Zucker, Vanillezucker, Eigelb und Milch hineingeben, etwas Mehl vom Rand zufügen, einen Brei bereiten. Die Butter in Stückchen daraufgeben, mit etwas Mehl bestäuben. Von der Mitte her die Zutaten zu einem glatten Teig verkneten. 30 Minuten kalt stellen.

2 Den Backofen auf 180 °C (Gas Stufe 2–3, Umluft 160 °C) vorheizen. Eine Springform einfetten. Den Mürbeteig ausrollen, in die Form legen, den Boden mit einer Gabel mehrmals einstechen. Die Form in den Ofen schieben und etwa 10 Minuten backen.

3 Für den zweiten Teigboden die Eier trennen. Eigelb mit 3 Esslöffeln warmem Wasser schaumig schlagen, Zucker und Vanillezucker unterrühren. Das Eiweiß steif schlagen, auf die Eigelbmasse geben. Mehl, Speisestärke und Kakao darübersieben. Alles unter die Eigelbmasse ziehen.

4 Den Boden einer zweiten Springform mit Backpapier auslegen, den Teig einfüllen und etwa 25 Minuten backen. Herausnehmen und auskühlen lassen.

5 Die Teigböden aus der Form nehmen, vom Biskuitboden das Backpapier abziehen. Den Mürbeteigboden mit Himbeerkonfitüre bestreichen, den Biskuitboden aufsetzen.

6 Die Heidelbeeren in einem Sieb abtropfen lassen, dabei den Saft auffangen. Die Gelatine in kaltem Wasser einweichen. Den Quark durch ein Sieb in eine Schüssel streichen. Mit Frischkäse, Zucker, Zitronenschale und Zitronensaft verrühren. Die ausgedrückte Gelatine in 4 Esslöffeln leicht erwärmtem Heidelbeersaft auflösen, zur Quarkmasse geben und gut untermischen.

7 Zwei Drittel der Heidelbeeren in die Quarkmasse einrühren. Kalt stellen. Sobald die Masse etwas fester wird, die Sahne steif schlagen und unterheben. Die Creme auf den Tortenboden geben, die restlichen Heidelbeeren darauf verteilen. Kalt stellen. Vor dem Servieren mit geraspelter Schokolade garnieren.

Ananas-Käsetorte

Für 1 Springform mit 26 cm Ø

Für den Teig

4 Eier
150 g Zucker
1 Pck. Vanillezucker
1 Prise Salz
100 g Mehl
50 g Speisestärke
1 TL Backpulver
50 g zerlassene Butter

Für die Creme

2 Blatt weiße Gelatine
200 g Ananas (aus der Dose)
300 g abgetropfter Quark
50 g Zucker
100 ml Ananassaft
300 g Sahne

Ausserdem

200 g Ananas (aus der Dose)
50 g Mandelblättchen
200 g Sahne
1 TL Sahnesteif
1 Pck. Vanillezucker

1 Den Backofen auf 180 °C (Gas Stufe 2–3, Umluft 160 °C) vorheizen. Die Eier trennen. Eigelb mit 2 Esslöffeln warmem Wasser schaumig rühren. Zucker und Vanillezucker zufügen. Weiter schlagen, bis die Masse cremig ist. Eiweiß mit Salz steif schlagen und auf die Eigelbmasse geben. Mehl, Speisestärke und Backpulver vermischen, auf den Eischnee sieben. Mit der Butter unterheben.

2 Eine Springform mit Backpapier auslegen, den Teig hineingeben und im vorgeheizten Backofen etwa 25 Minuten backen. Herausnehmen, auskühlen lassen, waagerecht durchschneiden.

3 Die Gelatine in kaltem Wasser einweichen. Die Ananas abtropfen lassen und klein schneiden. Quark durch ein Sieb in eine Schüssel streichen und mit dem Zucker verrühren. Gelatine ausdrücken, in erwärmtem Ananassaft auflösen, zum Quark geben. Die Sahne steif schlagen und unterheben.

4 Unter die Hälfte der Quarkmasse die zerkleinerten Ananasstücke heben. Den unteren Boden damit bestreichen. Den anderen Boden darauflegen. Die Torte oben und ringsum mit der restlichen Quarkmasse bestreichen.

5 Ananas abtropfen lassen und in kleine Stücke schneiden. Die Mandeln in einer Pfanne ohne Fett goldbraun rösten. Den Tortenrand mit Mandelblättchen bestreuen, in der Mitte die Ananasstücke verteilen.

6 Sahne mit Sahnesteif und Vanillezucker steif schlagen, in einen Spritzbeutel mit Sterntülle füllen und die Torte damit verzieren.

Nektarinen-Käsetorte

Für 1 Springform mit 26 cm Ø

Für den Teig

5 Eier
150 g Zucker
1 Pck. Vanillezucker
30 g gemahlene Mandeln
150 g Mehl
75 g Speisestärke
3 EL Kakaopulver
2 TL Backpulver
2 EL Rosenlikör
oder Rosenwasser (Apotheke)

Für die Creme

3 Blatt weiße Gelatine
750 g Ricotta
1 Pck. Vanillezucker
100 g Blütenhonig
500 g Nektarinen
1 EL Zitronensaft

Ausserdem

30 g gehackte Pistazien
1 EL Zucker

1 Den Backofen auf 200 °C (Gas Stufe 3, Umluft 180 °C) vorheizen. Die Eier trennen. Eigelb mit 2 Esslöffeln warmem Wasser schaumig rühren. Zucker und Vanillezucker unterrühren. Das Eiweiß steif schlagen und mit den Mandeln auf die Eigelbmasse geben. Mehl, Speisestärke, Kakao und Backpulver vermischen, darübersieben, alles unterheben.

2 Eine Springform mit Backpapier auslegen, den Teig einfüllen und glatt streichen. Im vorgeheizten Backofen etwa 25 Minuten backen. Auskühlen lassen, waagerecht durchschneiden, mit Rosenlikör beträufeln.

3 Die Gelatine in kaltem Wasser einweichen. Den Ricotta in eine Schüssel geben, mit Vanillezucker und Blütenhonig verrühren. Die Gelatine tropfnass in einen kleinen Topf geben, erwärmen, auflösen, zur Ricottacreme geben und gut untermischen.

4 Die Nektarinen waschen, entsteinen, in kleine Würfel schneiden und mit dem Zitronensaft vermischen. Unter die Hälfte der Ricottacreme heben. Den unteren Boden damit bestreichen. Den anderen Boden darauflegen und mit der restlichen Ricottacreme bestreichen. Mit Pistazien und Zucker bestreuen.

Käsetorte mit Mandelbaiser

Für 1 Springform mit 26 cm Ø

Für den Teig

200 g Mehl
1 TL Backpulver
80 g Zucker
2 Eigelb
1 Prise Salz
1 EL Milch
100 g kalte Butter

Für die Creme

500 g abgetropfter Quark
80 g Zucker
4 Eigelb
100 g weiche Butter
20 g Speisestärke
1 TL abgeriebene Zitronenschale
1 Prise Salz
500 g Johannisbeeren

Für das Baiser

3 Eiweiß
150 g Puderzucker
100 g Mandelblättchen

1 Mehl und Backpulver vermischen und in eine Schüssel sieben. In die Mitte eine Vertiefung drücken. Zucker, Eigelb, Salz und Milch hineingeben und mit einem Teil des Mehls vermischen. Die Butter in Stücken darauf verteilen und alle Zutaten zu einem glatten Teig verkneten. 30 Minuten kalt stellen.

2 Eine Springform einfetten. Den Teig auf bemehlter Fläche ausrollen, in die Form geben und einen Rand hochziehen. Den Boden mehrmals mit einer Gabel einstechen. Den Backofen auf 200 °C (Gas Stufe 3, Umluft 180 °C) vorheizen.

3 Für die Creme den Quark durch ein Sieb streichen. Mit Zucker, Eigelb, Butter, Speisestärke, Zitronenschale und Salz verrühren. Die Masse auf den Teig geben.

4 Die Johannisbeeren vorsichtig waschen, von den Rispen streifen und auf der Creme verteilen. Den Kuchen im vorgeheizten Backofen etwa 35 Minuten backen.

5 Für das Mandelbaiser Eiweiß mit Puderzucker steif schlagen. Die Mandelblättchen in einer Pfanne ohne Fett goldbraun rösten und unter den Eischnee heben.

6 Die vorgebackene Torte mit der Baisermasse bestreichen. Noch einmal in den Ofen schieben und weitere 8 Minuten backen.

Käsetorte mit Kokosraspeln

Für 1 Springform mit 26 cm Ø

Für den Teig

250 g Mehl
½ Pck. Backpulver
100 g Butter
70 g Zucker
1 Prise Salz
½ TL abgeriebene Zitronenschale
1 Tropfen Bittermandelaroma
1 Ei
1 EL Milch

Für den Belag

150 g getrocknete Aprikosen
1 Pck. Vanille-Puddingpulver
200 g Zucker
½ l Milch
50 g weiche Butter
1 Pck. Vanillezucker
1 Prise Salz
3 Eier
3 EL Rum
1 kg abgetropfter Quark
100 g Sahne
100 g Kokosraspel

Außerdem

50 g zerlassene Butter
Puderzucker zum Bestäuben

1 Mehl und Backpulver vermischen, in eine Schüssel sieben. In die Mitte eine Vertiefung drücken. Butter, Zucker, Salz, Zitronenschale, Bittermandelaroma, Ei und Milch hineingeben. Die Zutaten zu einem glatten Teig verkneten. Eine Springform einfetten. Den Teig auf bemehlter Fläche ausrollen, in die Form geben und einen Rand hochziehen.

2 Die Aprikosen in Wasser einweichen. Puddingpulver und 50 Gramm Zucker in ¼ Liter Milch verrühren. Die restliche Milch zum Kochen bringen, das angerührte Puddingpulver einrühren, kurz aufkochen lassen und vom Herd nehmen. Auskühlen lassen, dabei hin und wieder umrühren, damit sich keine Haut bildet.

3 Den Backofen auf 200 °C (Gas Stufe 3, Umluft 180 °C) vorheizen. Den restlichen Zucker mit Butter, Vanillezucker, Salz, Eiern und Rum verrühren. Den Quark durch ein Sieb streichen, zusammen mit der Sahne und dem Pudding unterrühren. Die Hälfte der Quarkmasse auf den Teig geben und glatt streichen.

4 Die abgetropften Aprikosen auf die Quarkmasse legen und mit Kokosraspeln bestreuen. Die zweite Hälfte der Quarkmasse darübergeben.

5 Den Kuchen in den vorgeheizten Backofen schieben und etwa 40 Minuten backen. Herausnehmen, mit Butter bestreichen und noch warm mit Puderzucker bestäuben.

Bunte Käsetorte

Für 1 Springform mit 26 cm Ø

Für den Teig

150 g Mehl
1 TL Backpulver
70 g Zucker
2 Eigelb
2 EL Milch
60 g kalte Butter

Für die Creme

30 g Rosinen
2 Pck. Vanille-Puddingpulver
200 g Zucker
¼ l Milch
250 g Sahne
750 g abgetropfter Quark
100 g kandierte Früchte
(Kirschen, Aprikosen, Ingwer)
3 Eiweiß
1 Prise Salz

Außerdem

1 Eigelb
1 EL Milch

1 Mehl und Backpulver vermischen, in eine Schüssel sieben, in die Mitte eine Vertiefung drücken. Zucker, Eigelb und Milch hineingeben. Etwas Mehl vom Rand einrühren und einen dickflüssigen Brei bereiten. Die Butter in Stücken darauf verteilen, mit Mehl bedecken. Die Zutaten von der Mitte her zu einem glatten Teig verkneten. 30 Minuten kalt stellen.

2 Den Backofen auf 200 °C (Gas Stufe 3, Umluft 180 °C) vorheizen. Eine Springform einfetten, den Teig hineingeben und einen Rand hochziehen. Den Boden mit einer Gabel mehrmals einstechen. Im vorgeheizten Backofen 10 Minuten vorbacken.

3 Für die Creme die Rosinen waschen und trockentupfen. Puddingpulver und Zucker in etwas kalter Milch glatt rühren. Die restliche Milch mit der Sahne erhitzen, das angerührte Puddingpulver einrühren, mehrmals aufwallen lassen. Vom Herd nehmen.

4 Den Quark durch ein Sieb streichen und in den Pudding einrühren. Nochmals kurz aufkochen lassen, dann die Rosinen hinzufügen. Die kandierten Früchte klein schneiden und ebenfalls dazugeben. Eiweiß mit dem Salz steif schlagen und unterheben.

5 Die Masse auf den vorgebackenen Boden geben und glatt streichen. Eigelb und Milch verrühren, die Tortenoberfläche damit bestreichen. Weitere 30 Minuten backen.

Bananen-Käsetorte

Für 1 Springform mit 26 cm Ø

Für den Teig

6 Eier
300 g Marzipan-Rohmasse
125 g Zartbitter-Kuvertüre
3 Vanilleschoten
50 g Zucker
100 g Mehl
30 g Speisestärke
1 TL Backpulver
60 g zerlassene Butter

Für die Creme

4 Blatt weiße Gelatine
4 Bananen (etwa 500 g)
4 EL Zitronensaft
500 g Mascarpone
1 Pck. Vanillezucker
50 g Zucker
2 EL Brandy

Außerdem

125 g Aprikosenkonfitüre
1 EL Zitronensaft
125 g Zartbitter-Kuvertüre
50 g Nugat
125 g Sahne
Ingwerstäbchen und kandierte Kirschen zum Verzieren

1 Den Backofen auf 180 °C (Gas Stufe 2–3, Umluft 160 °C) vorheizen. Die Eier trennen. Marzipan und Kuvertüre getrennt zerkleinern. Die Vanilleschoten aufschneiden, das Mark herauskratzen.

2 Eigelb, Marzipan, Vanillemark, 2 Esslöffel warmes Wasser und Zucker schaumig rühren. Das Eiweiß steif schlagen und auf die Marzipanmasse geben. Mehl, Speisestärke und Backpulver vermischen, auf den Eischnee sieben. Die Kuvertüre darüberstreuen. Alles zusammen mit der Butter unter die Marzipanmasse heben.

3 Eine Springform einfetten, den Teig einfüllen. Im vorgeheizten Backofen etwa 25 Minuten backen. Herausnehmen, auskühlen lassen, waagerecht durchschneiden.

4 Für die Creme die Gelatine in kaltem Wasser einweichen. Die Bananen schälen, zerkleinern, mit dem Zitronensaft pürieren. Mascarpone mit Vanillezucker, Zucker und Bananenpüree verrühren. Die Gelatine ausdrücken, in leicht erwärmtem Brandy auflösen, unter die Creme rühren.

5 Aprikosenkonfitüre erwärmen, mit dem Zitronensaft verrühren, durch ein Sieb streichen und beide Böden damit bestreichen. Auf den unteren Boden die Creme geben, den oberen Boden darauflegen. Kuvertüre und Nugat zerkleinern und zusammen im heißen Wasserbad schmelzen. Die Sahne aufkochen und unter die Schokomischung rühren. Etwas abkühlen lassen, dann die Torte damit bestreichen. Mit Ingwerstäbchen und kandierten Kirschen verzieren.

Harzer Schmanttorte

Für 1 Springform mit 26 cm Ø

Für den Teig

150 g Mehl
½ TL Backpulver
70 g Zucker
1 Ei
70 g kalte Butter

Für den Belag

2 Pck. Vanille-Puddingpulver
100 g Zucker
½ l Milch
400 g Schmant
2 Eigelb
4 Birnen

Ausserdem

1 Pck. heller Tortenguss

1 Mehl und Backpulver vermischen, in eine Schüssel sieben, in die Mitte eine Vertiefung drücken. Zucker und Ei hineingeben, etwas Mehl vom Rand untermischen. Die Butter in Stücken darauf verteilen, mit Mehl bedecken. Von der Mitte her die Zutaten zu einem glatten Teig verkneten. 30 Minuten kalt stellen.

2 Für den Belag das Puddingpulver mit dem Zucker in ¼ Liter Milch verrühren. Die restliche Milch zum Kochen bringen, das angerührte Puddingpulver einrühren. Kurz aufkochen lassen, vom Herd nehmen. Schmant und Eigelb einrühren.

3 Den Backofen auf 180 °C (Gas Stufe 2–3, Umluft 160 °C) vorheizen. Die Birnen schälen, halbieren und das Kerngehäuse entfernen. Eine Springform einfetten. Den Teig auf bemehlter Fläche ausrollen, in die Form geben und einen Rand hochziehen. Den Boden mit einer Gabel mehrmals einstechen.

4 Die Schmantmasse auf dem Teigboden verteilen und glatt streichen, die Birnenhälften auflegen. Den Kuchen in den vorgeheizten Backofen schieben und etwa 40 Minuten backen.

5 Die Torte aus dem Ofen nehmen und auf einem Kuchengitter auskühlen lassen. Den Tortenguss nach Packungsanleitung bereiten, die Torte damit überziehen.

Festtagstorte

Für 1 Springform mit 26 cm Ø

Für den Teig

175 g Mehl
100 g Zucker
1 Prise Salz
1 TL abgeriebene Zitronenschale
3 Eigelb
125 g kalte Butter

Für die Creme

1 Pck. Vanille-Puddingpulver
400 ml Milch
1 Prise Salz
150 g Zucker
3 Eier
30 g Zitronat
30 g Orangeat
10 kandierte Kirschen
450 g Ricotta
½ TL Zimt
1 Pck. Vanillezucker
2 EL Zitronensaft
1 TL abgeriebene Zitronenschale
3 EL dunkler Rum

Ausserdem

Puderzucker zum Bestäuben

1 Das Mehl in eine Schüssel sieben, in die Mitte eine Vertiefung drücken. Zucker, Salz, Zitronenschale und Eigelb hineingeben, mit etwas Mehl vom Rand vermischen. Die Butter in Stücken darauf verteilen, mit etwas Mehl bedecken. Die Zutaten von der Mitte her zu einem glatten Teig verkneten. 30 Minuten kalt stellen.

2 Für die Creme das Puddingpulver mit etwas Milch verrühren. Die restliche Milch zum Kochen bringen, das angerührte Puddingpulver, Salz und 50 Gramm Zucker einrühren, kurz aufkochen lassen, vom Herd nehmen und auskühlen lassen. Ab und zu umrühren, damit sich keine Haut bildet.

3 Die Eier trennen, dabei 1 Eiweiß in ein separates Schüsselchen geben. Zitronat, Orangeat und kandierte Kirschen fein schneiden. Ricotta mit dem restlichen Zucker, Zimt und Vanillezucker verrühren. Eigelb, Pudding, Zitronat, Orangeat, kandierte Kirschen, Zitronensaft, Zitronenschale und Rum unterrühren. Zwei Eiweiß steif schlagen und unterheben.

4 Den Backofen auf 180 °C (Gas Stufe 2–3, Umluft 160 °C) vorheizen. Zwei Drittel des Teiges auf bemehlter Fläche ausrollen, in eine Springform geben. Den Boden mit einer Gabel mehrmals einstechen und die Creme daraufgeben.

5 Den restlichen Teig ausrollen. Streifen von 1 Zentimeter Breite schneiden und zu einem Gittergeflecht auf der Creme anordnen. Die Streifen mit dem restlichen Eiweiß bestreichen. Den Kuchen im vorgeheizten Backofen etwa 50 Minuten backen. Herausnehmen, auf einem Kuchengitter auskühlen lassen und mit Puderzucker bestäuben.

Mohn-Käsetorte

Für 1 Springform mit 26 cm Ø

Für den Teig

200 g Mehl
40 g Kakaopulver
1 TL Backpulver
80 g Zucker
2 Eigelb
1 Prise Salz
1 EL Milch
100 g kalte Butter

Für die Creme

500 g abgetropfter Quark
100 g Schmant
80 g weiche Butter
125 g Zucker
1 TL abgeriebene Zitronenschale
3 Eigelb
1 Pck. Vanille-Puddingpulver
¼ l Milch
250 g Sahne

Für die Mohnmasse

150 ml Milch
200 g gemahlener Mohn
80 g Zucker
1 EL gehackte Mandeln
1 EL Rum
1 Eigelb

Außerdem

Puderzucker zum Bestäuben

1 Mehl, Kakao und Backpulver vermischen und in eine Schüssel sieben. In die Mitte eine Vertiefung drücken. Zucker, Eigelb, Salz und Milch hineingeben und mit einem Teil des Mehls vermischen. Die Butter in Stücken daraufgeben. Die Zutaten von der Mitte her zu einem glatten Teig verkneten. 30 Minuten kalt stellen.

2 Eine Springform einfetten. Den Teig auf bemehlter Fläche ausrollen, in die Form legen und einen Rand hochziehen. Den Boden mehrmals mit einer Gabel einstechen.

3 Für die Creme den Quark durch ein Sieb streichen. Mit Schmant, Butter, Zucker, Zitronenschale und Eigelb verrühren. Das Puddingpulver in etwas Milch glatt rühren und unter die Quarkmasse rühren. Die restliche Milch hinzufügen. Die Sahne steif schlagen und unterheben. Die Creme auf den Boden geben.

4 Den Backofen auf 180 °C (Gas Stufe 2–3, Umluft 160 °C) vorheizen. Für die Mohnmasse die Milch erhitzen, den Mohn überbrühen. Zucker, Mandeln, Rum und Eigelb einrühren. Die Mohnmasse in Klecksen auf die Creme setzen und etwas eindrücken. Im vorgeheizten Backofen etwa 45 Minuten backen. Mit Puderzucker bestäuben.

Sauerkirsch-Käsetorte

Für 1 Springform mit 26 cm Ø

Für den Teig

2 Eier
100 g Zucker
1 Pck. Vanillezucker
80 g Mehl
50 g Speisestärke
1 TL Backpulver
2 EL Kirschwasser

Für die Kirschen

1 kg Sauerkirschen (aus dem Glas)
125 g Zucker
50 g Speisestärke

Für die Creme

4 Blatt weiße Gelatine
750 g Doppelrahm-Frischkäse
1 EL abgeriebene Zitronenschale
80 g Puderzucker
3 EL Kirschwasser
2 EL Zitronensaft
250 g Sahne

Außerdem

50 g Mandelblättchen

1 Den Backofen auf 180 °C (Gas Stufe 2–3, Umluft 160 °C) vorheizen. Die Eier trennen. Eigelb mit 2 Esslöffeln warmem Wasser cremig rühren. Zucker und Vanillezucker einrühren. Das Eiweiß steif schlagen, auf die Eigelbmasse geben. Mehl, Speisestärke und Backpulver vermischen, auf den Eischnee sieben, alles unterheben.

2 Eine Springform mit Backpapier auslegen, den Teig einfüllen, glatt streichen, im vorgeheizten Backofen etwa 25 Minuten backen. Herausnehmen, auskühlen lassen, waagerecht durchschneiden. Den unteren Boden mit Kirschwasser beträufeln.

3 Die Kirschen mit dem Zucker in einen Durchschlag füllen, 30 Minuten abtropfen lassen. Den Saft auffangen und in einen Topf geben. So viel Wasser angießen, dass 300 Milliliter Flüssigkeit entstehen. Etwas von der Flüssigkeit abgießen, die Speisestärke darin verrühren. Den restlichen Saft mit den Kirschen zum Kochen bringen. Die Speisestärke einrühren. Alles mehrmals aufwallen lassen, dann vom Herd nehmen und auskühlen lassen.

4 Für die Creme die Gelatine in kaltem Wasser einweichen. Frischkäse, Zitronenschale, Puderzucker und Kirschwasser verrühren. Zitronensaft erwärmen, die ausgedrückte Gelatine darin auflösen, zur Creme geben. Die Sahne steif schlagen und unterheben.

5 Den unteren Tortenboden mit der Hälfte der Sauerkirschmischung belegen. Den anderen Boden auflegen, die Creme darauf verteilen. Glatt streichen, 30 Minuten kalt stellen. Die Mandeln in einer Pfanne ohne Fett goldbraun rösten. Die restliche Sauerkirschmischung auf die Tortenoberfläche streichen. Den Tortenrand mit Mandelblättchen verzieren.

Blau-Weiß-Torte mit Schwips

Für 2 Springformen mit 26 cm Ø

Für den ersten Boden

150 g Mehl
50 g Zucker
1 Pck. Vanillezucker
1 Prise Salz
100 g kalte Butter

Für den zweiten Boden

6 Eier
180 g Zucker
1 Pck. Vanillezucker
1 Prise Salz
80 g Mehl
80 g Speisestärke
1 TL Backpulver
30 g Kakaopulver

Für die Creme

1 Glas Heidelbeeren
(Abtropfgewicht etwa 150 g)
6 Blatt weiße Gelatine
300 g Jogurt
125 g Zucker
2 EL Zitronensaft
3 EL Obstgeist
400 g Sahne

Ausserdem

125 g Heidelbeerkonfitüre
2 EL Obstgeist
200 g Sahne
1 EL Zucker
1 Pck. Sahnesteif
50 g geraspelte Schokolade

1 Das Mehl in eine Schüssel sieben, in die Mitte eine Vertiefung drücken. Zucker, Vanillezucker und Salz hineingeben. Die Butter in Stücken darauf verteilen. Die Zutaten mit etwas Mehl vom Rand bedecken. Von der Mitte her alles zu einem glatten Teig verkneten. 30 Minuten kalt stellen.

2 Den Backofen auf 180 °C (Gas Stufe 2–3, Umluft 160 °C) vorheizen. Eine Springform einfetten. Den Mürbeteig in die Form geben, den Boden mit einer Gabel mehrmals einstechen. Im vorgeheizten Backofen etwa 10 Minuten backen.

3 Für den zweiten Boden die Eier trennen. Eigelb mit 5 Esslöffeln warmem Wasser und dem Zucker schaumig rühren, Vanillezucker und Salz hinzufügen. Das Eiweiß steif schlagen, auf die Eigelbcreme geben. Mehl, Speisestärke, Backpulver und Kakao vermischen, auf den Eischnee sieben, alles unterheben. Den Boden einer zweiten Springform mit Backpapier auslegen, den Teig einfüllen und glatt streichen. Etwa 25 Minuten backen. Herausnehmen, auskühlen lassen, waagerecht durchschneiden.

4 Für die Creme die Heidelbeeren abtropfen lassen, den Saft auffangen. Die Gelatine in kaltem Wasser einweichen. Den Jogurt mit 200 Millilitern von dem aufgefangenen Saft verrühren. Die Hälfte der Beeren, den Zucker und den Zitronensaft einrühren. Den Obstgeist erwärmen, die ausgedrückte Gelatine darin auflösen. Unter die Jogurtmasse rühren. Die Sahne steif schlagen und unterheben.

5 Heidelbeerkonfitüre und Obstgeist verrühren. Den Mürbeteigboden damit bestreichen. Einen Tortenring um den Boden legen, einen dunklen Boden auflegen und mit der Hälfte der Creme bestreichen. Den anderen Boden auflegen. Unter die restliche Creme die restlichen Blaubeeren heben, auf die Torte geben und glatt streichen. 2 Stunden kalt stellen. Den Tortenring entfernen.
Die Sahne mit dem Zucker und dem Sahnesteif steif schlagen. Die Torte ringsum damit bestreichen und den Rand mit geraspelter Schokolade verzieren.

Eierlikörtorte

Für 1 Springform mit 26 cm Ø

Für den Teig

150 g Mehl
1 TL Backpulver
70 g Zucker
2 Eigelb
1 EL Milch
60 g kalte Butter

Für die Quarkcreme

1 Pck. Vanille-Puddingpulver
100 g Zucker
½ l Milch
30 g Rosinen
400 g abgetropfter Quark
30 g gehackte Mandeln
2 Eiweiß

Für die Eierlikörcreme

2 Eier
80 g weiche Butter
80 g Zucker
1 Pck. Vanillezucker
⅛ l Eierlikör
1 Prise Salz
20 g Speisestärke

1 Mehl und Backpulver vermischen, sieben, in die Mitte eine Vertiefung drücken. Zucker, Eigelb und Milch hineingeben, etwas Mehl vom Rand einrühren. Die Butter in Stücken daraufgeben, mit Mehl bedecken. Die Zutaten von der Mitte her zu einem glatten Teig verkneten. 30 Minuten kalt stellen.

2 Den Backofen auf 180 °C (Gas Stufe 2–3, Umluft 160 °C) vorheizen. Eine Springform einfetten. Den Teig ausrollen, in die Springform geben und einen Rand hochziehen. Den Boden mit einer Gabel mehrmals einstechen. Im vorgeheizten Backofen 10 Minuten vorbacken.

3 Für die Quarkcreme das Puddingpulver mit dem Zucker und etwas Milch mischen. Die restliche Milch zum Kochen bringen, das angerührte Puddingpulver einrühren, aufkochen lassen. Vom Herd nehmen.

4 Die Rosinen waschen und trockentupfen. Den Quark durch ein Sieb streichen und einrühren. Rosinen und Mandeln dazugeben. Eiweiß steif schlagen und unter die Creme heben. Die Quarkmasse auf den vorgebackenen Boden streichen.

5 Die Eier trennen. Butter mit Zucker und Vanillezucker cremig rühren. Zuerst Eigelb, dann Eierlikör zufügen und unterrühren. Eiweiß mit Salz steif schlagen und mit der Speisestärke unter die Eierlikörcreme heben. Die Creme auf der Quarkmasse verteilen und den Kuchen weitere 30 Minuten backen.

Käsetorte mit Nussdecke

Für 1 Springform mit 26 cm Ø

Für den Teig

150 g Mehl
30 g Kakaopulver
1 TL Backpulver
70 g Zucker
2 Eigelb
2 EL Milch
100 g kalte Butter

Für die Creme

750 g abgetropfter Quark
125 g Schmant
3 Eigelb
150 g Zucker
80 g weiche Butter
150 g Pflaumenmus
1 EL Zwetschgenwasser

Für die Nussdecke

200 g Butter
125 g Zucker
2 EL Bienenhonig
250 g gehackte Haselnüsse
2 EL Milch

1 Mehl, Kakao und Backpulver vermischen und in eine Schüssel sieben. In die Mitte eine Vertiefung drücken. Zucker, Eigelb und Milch hineingeben und mit etwas Mehl vom Rand zu einem weichen Brei verrühren. Die Butter in Stücken darauf verteilen und die Zutaten von der Mitte her zu einem glatten Teig verkneten. Den Teig mindestens 30 Minuten kalt stellen.

2 Eine Springform einfetten. Den Teig auf bemehlter Fläche ausrollen, in die Form geben und einen Rand hochziehen. Den Boden mit einer Gabel mehrmals einstechen.

3 Für die Creme den Quark durch ein Sieb streichen, mit Schmant, Eigelb, Zucker und Butter verrühren. Die Masse auf den Teig geben und glatt streichen. Pflaumenmus und Zwetschgenwasser verrühren und auf die Creme klecksen.

4 Den Backofen auf 200 °C (Gas Stufe 3, Umluft 180 °C) vorheizen. Für die Nussdecke in einem Topf Butter, Zucker und Honig erhitzen und einmal aufwallen lassen. Den Topf vom Herd nehmen, die Nüsse einrühren, zuletzt die Milch hinzufügen. Die Masse kalt stellen und vollständig auskühlen lassen.

5 Die Nussmasse auf die Creme geben. Den Kuchen in den vorgeheizten Backofen schieben und etwa 45 Minuten backen. Herausnehmen und auf einem Kuchengitter vollständig abkühlen lassen.

Variante

Anstelle von Pflaumenmus können Sie auch Aprikosenkonfitüre verwenden. Streichen Sie 200 Gramm Konfitüre durch ein Sieb und verrühren Sie sie mit 1 Esslöffel Aprikosengeist. Diese Masse auf die Creme klecksen. Sie können die Käsetorte auch mit anderen Konfitüresorten backen, sollten jedoch darauf achten, dass sie genug Eigengeschmack haben und nicht zu süß sind.

Käsetorte mit Gitter

Für 1 Springform mit 26 cm Ø

Für den Teig

300 g Mehl
2 TL Backpulver
100 g Zucker
1 Pck. Vanillezucker
1 Prise Salz
1 Ei
2 EL Milch
150 g kalte Butter

Für die Creme

100 g gehackte Mandeln
750 g abgetropfter Quark
150 g Schmant
180 g Zucker
1 Pck. Vanillezucker
2 Eigelb
100 g Sahne
1 Pck. Mandel-Puddingpulver
3 Eiweiß

Ausserdem

1 Eigelb
Puderzucker zum Bestäuben

1 Mehl und Backpulver vermischen und in eine Schüssel sieben. In die Mitte eine Vertiefung drücken. Zucker, Vanillezucker, Salz, Ei und Milch hineingeben und mit etwas Mehl vom Rand zu einem weichen Brei verrühren. Die Butter in Stücken darauf verteilen. Von der Mitte her alle Zutaten zu einem glatten Teig verkneten und diesen mindestens 30 Minuten kalt stellen.

2 Eine Springform einfetten. Ein Drittel des Teiges für das Gitter beiseite legen. Den restlichen Teig auf bemehlter Fläche ausrollen, in eine Springform legen, einen Rand hochziehen und den Boden mit einer Gabel mehrmals einstechen. Den Backofen auf 200 °C (Gas Stufe 3, Umluft 180 °C) vorheizen.

3 Die Mandeln in einer Pfanne ohne Fett goldbraun rösten. Den Quark durch ein Sieb streichen, mit Schmant, Zucker, Vanillezucker, Eigelb, Sahne, Puddingpulver und Mandeln verrühren. Eiweiß steif schlagen und unterheben.

4 Die Quarkcreme auf den Teig geben und glatt streichen. Den Kuchen in den vorgeheizten Backofen schieben und etwa 30 Minuten backen. Die Oberfläche darf nicht zu dunkel werden.

5 Den beiseite gelegten Teig in der Größe der Springform ausrollen, in 16 gleichmäßig breite Streifen schneiden und mit Eigelb bestreichen. Die Streifen auf der Quarktorte anordnen, den Kuchen wieder in den Ofen schieben und noch 15 Minuten backen. Herausnehmen, auf einem Kuchengitter auskühlen lassen und mit Puderzucker bestäuben.

Osterburger Käsetorte

Für 1 Springform mit 26 cm Ø

Für den Teig

300 g Mehl
20 g Hefe
50 g Zucker
⅛ l Milch
3 EL Öl
1 Ei
1 Prise Salz

Für den Belag

500 g abgetropfter Quark
½ l Milch
⅛ l Öl
1 Pck. Vanille-Puddingpulver
3 Eigelb
1 Ei
125 g Zucker
1 Pck. Vanillezucker
2 EL Zitronensaft
6 Aprikosen
50 g gehackte Mandeln

Ausserdem

150 g Johannisbeergelee

1 Das Mehl in eine Schüssel sieben, in die Mitte eine Vertiefung drücken. Die Hefe zerbröckeln, mit dem Zucker in etwas lauwarmer Milch verrühren, in die Vertiefung gießen und mit etwas Mehl vom Rand mischen. Den Vorteig zugedeckt an einem warmen Ort 20 Minuten gehen lassen.

2 Auf den Mehlrand Öl, Ei und Salz geben. Von der Mitte her die Zutaten zu einem glatten Teig verkneten, dabei die restliche Milch zugeben. Nochmals 30 Minuten gehen lassen.

3 Für den Belag den Quark durch ein Sieb streichen, Milch, Öl, Puddingpulver, Eigelb, Ei, Zucker, Vanillezucker und Zitronensaft einrühren. Die Aprikosen waschen, halbieren und entsteinen.

4 Den Backofen auf 200 °C (Gas Stufe 3, Umluft 180 °C) vorheizen. Eine Springform einfetten. Den Teig auf bemehlter Fläche ausrollen, in die Form geben, einen Rand hochziehen. Den Boden mit einer Gabel mehrmals einstechen.

5 Die Quarkmasse aufstreichen, die Aprikosen mit der Rundung nach oben darauf verteilen. Die Früchte in die Quarkmasse drücken, die Mandeln aufstreuen. Den Kuchen im vorgeheizten Backofen etwa 40 Minuten backen. Herausnehmen, auskühlen lassen. Das Gelee etwas erwärmen und die Torte damit überziehen.

Erdbeertörtchen

Für 12 Tortelettförmchen

Für den Teig

150 g Mehl
50 g Zucker
1 Ei
1 Pck. Vanillezucker
½ TL abgeriebene Zitronenschale
100 g kalte Butter

Für den Belag

375 g Erdbeeren
125 g Gelierzucker
Saft von 2 Limetten
1 Vanilleschote
500 g Ricotta
125 g Sahne
1 TL abgeriebene Limettenschale
50 g Puderzucker

1 Den Backofen auf 200 °C (Gas Stufe 3, Umluft 180 °C) vorheizen. Das Mehl in eine Schüssel sieben, in die Mitte eine Vertiefung drücken. Zucker, Ei, Vanillezucker und Zitronenschale hineingeben. Mit etwas Mehl vom Rand vermischen. Die Butter in Stücken darauf verteilen und die Masse mit Mehl bedecken. Alle Zutaten von der Mitte her zu einem glatten Teig verkneten.

2 Die Tortelettförmchen einfetten. Den Teig auf bemehlter Fläche ausrollen und in die Förmchen legen. Die Törtchen im vorgeheizten Backofen etwa 12 Minuten backen. Herausnehmen, aus den Förmchen lösen und auf einem Kuchengitter auskühlen lassen.

3 Die Erdbeeren waschen, abtropfen lassen, mit dem Gelierzucker und dem Limettensaft mischen. Die Beeren etwas zerdrücken. Unter Rühren aufkochen lassen, 3 Minuten sprudelnd kochen, vom Herd nehmen und auskühlen lassen.

4 Die Vanilleschote aufschlitzen, das Mark herauskratzen und in eine Schüssel geben. Ricotta, Sahne, Limettenschale und Puderzucker dazugeben und alles gut verrühren.

5 Die Törtchen mit der Ricottacreme füllen. Die Beeren auf der Creme verteilen. Die Törtchen bis zum Servieren kühl stellen.

Schokoladentörtchen

Für 12 Tortelettförmchen

Für den Teig

50 g gemahlene Mandeln
125 g weiche Butter
125 g Zucker
3 Eier
2 EL Milch
1 Pck. Vanillezucker
1 Prise Salz
½ TL gemahlene Nelken
½ TL Zimt
180 g Mehl
50 g Speisestärke
40 g Kakaopulver
1 TL Backpulver

Für den Belag

1 Pck. Vanille-Puddingpulver
100 g Zucker
500 g Sahne
300 g Ricotta
3 EL Amaretto
125 g Orangenkonfitüre

Ausserdem

geraspelte Zartbitterschokolade

1 Den Backofen auf 200 °C (Gas Stufe 3, Umluft 180 °C) vorheizen. Die Mandeln in einer Pfanne ohne Fett goldbraun rösten.

2 Butter mit Zucker schaumig rühren. Eier und Milch unterrühren. Vanillezucker, Salz, Nelken und Zimt einrühren. Mehl, Speisestärke, Kakao und Backpulver vermischen, sieben, mit den Mandeln unterheben.

3 Die Tortelettförmchen einfetten und den Teig einfüllen. Die Törtchen im vorgeheizten Backofen etwa 12 Minuten backen. Herausnehmen, aus den Förmchen lösen und auf einem Kuchengitter auskühlen lassen.

4 Für den Belag das Puddingpulver mit 30 Gramm Zucker und etwas Sahne glatt rühren. Die Hälfte der Sahne zum Kochen bringen, das angerührte Puddingpulver einrühren. Die Masse einmal aufkochen lassen, dann vom Herd nehmen und auskühlen lassen. Dabei ab und zu umrühren, damit sich keine Haut bildet.

5 Pudding mit Ricotta, restlichem Zucker und Amaretto verrühren. Die restliche Sahne steif schlagen und unterheben.

6 Die Törtchen mit Orangenkonfitüre bestreichen. Die Creme in einen Spritzbeutel mit Lochtülle füllen und auf den Törtchen verteilen. Mit geraspelter Schokolade bestreuen.

Variante

Sie können den Belag variieren, indem Sie eine andere Puddingsorte nehmen, z. B. Mandel- oder Sahnepudding. Den Amaretto können Sie ebenfalls nach Ihrem Geschmack durch einen anderen Likör oder auch durch Rum ersetzen. Anstelle von Mandeln können Sie für den Teig auch gemahlene Haselnüsse oder gemahlene Pistazien verwenden. Beachten Sie, dass man Nüsse nicht über einen längeren Zeitraum lagern kann. Sie verlieren ihr Aroma und werden ranzig. Besonders bei geöffneten Packungen ist rascher Verbrauch ratsam.

Brombeertörtchen

Für 12 Torteletttförmchen

Für den Teig

150 g Mehl
50 g Puderzucker
1 Prise Salz
1 Pck. Vanillezucker
1 Ei
100 g kalte Butter

Für den Belag

1 kg Brombeeren oder
gemischte TK-Beeren
50 g Zucker
⅛ l Weißwein
1 EL Speisestärke
200 g Doppelrahm-Frischkäse
3 EL Cassis (schwarzer Johannisbeerlikör)
250 g Sahne

1 Das Mehl in eine Schüssel sieben, in die Mitte eine Vertiefung drücken. Puderzucker, Salz, Vanillezucker und Ei hineingeben. Mit etwas Mehl vom Rand vermischen. Die Butter in Stücken darauf verteilen, mit Mehl bedecken. Die Zutaten von der Mitte her zu einem glatten Teig verkneten. 30 Minuten kalt stellen.

2 Den Backofen auf 200 °C (Gas Stufe 3, Umluft 180 °C) vorheizen. Die Torteletttförmchen einfetten. Den Teig auf bemehlter Fläche ausrollen, in die Förmchen legen, mit einer Gabel mehrmals einstechen. Im vorgeheizten Backofen etwa 10 Minuten backen.

3 Die Beeren putzen. Den Zucker in einem Topf schmelzen, bis er eine hellbraune bis goldene Farbe angenommen hat, dann mit dem Wein ablöschen. Die Hälfte der Beeren hineingeben, 8 Minuten köcheln lassen. Durch ein Sieb gießen, den Saft auffangen und zurück in den Topf geben.

4 Die Speisestärke in etwas kaltem Wasser glatt rühren. Den Saft zum Kochen bringen, die Speisestärke einrühren, aufkochen lassen, dann den Topf vom Herd nehmen. Zur Seite stellen und auskühlen lassen.

5 Doppelrahm-Frischkäse mit dem Cassis verrühren. Die Sahne steif schlagen und unterheben. Die Creme auf den Törtchen verteilen und glatt streichen. Die restlichen Brombeeren darauflegen und alles mit dem Brombeergelee überziehen.

Blätterteigtörtchen

Für 12 Tortelettförmchen

Für den Teig

300 g TK-Blätterteig

Für die Creme

2 Eier
20 g Zitronat
200 g abgetropfter Quark
100 g Schmant
50 g zerlassene Butter
1 Pck. Vanillezucker
1 TL abgeriebene Zitronenschale
100 g Zucker

Ausserdem

Puderzucker zum Bestäuben

1 Blätterteig auftauen. Die Eier trennen. Das Zitronat fein schneiden. Den Quark durch ein Sieb streichen und mit Eigelb, Schmant, Butter, Vanillezucker, Zitronenschale, Zitronat und Zucker verrühren. Das Eiweiß steif schlagen und unterheben.

2 Den Backofen auf 200 °C (Gas Stufe 3, Umluft 180 °C) vorheizen. Den Blätterteig ausrollen. Tortelettförmchen mit kaltem Wasser abspülen, mit Teig auslegen und die Creme daraufstreichen. 20 Minuten backen, herausnehmen, auskühlen lassen und mit Puderzucker bestäuben.

Quarktörtchen

Für 12 Tortelettförmchen

Für den Teig

200 g weiche Butter
200 g Zucker
2 Eier
1 Prise Salz
400 g Mehl
2 TL Backpulver
40 g Kakaopulver

Für die Creme

3 Eier
300 g abgetropfter Quark
100 g zerlassene Butter
150 g Zucker
1 Pck. Vanillezucker
125 g saure Sahne
½ Pck. Vanille-Puddingpulver

1 Den Backofen auf 200 °C (Gas Stufe 3, Umluft 180 °C) vorheizen. Die Butter schaumig rühren. Zucker, Eier und Salz einrühren. Mehl und Backpulver vermischen, sieben, mit dem Kakao untermengen. Tortelettförmchen einfetten, den Teig hineingeben.

2 Für den Belag die Eier trennen. Den Quark durch ein Sieb streichen, Eigelb, Butter, Zucker, Vanillezucker, saure Sahne und Puddingpulver unterrühren. Das Eiweiß steif schlagen und unterheben. Die Masse in die Förmchen geben. Im vorgeheizten Backofen etwa 25 Minuten backen.

Quarkstrudel

Für 4 Strudel

Für den Strudelteig

¼ l Milch
80 g Butter
80 g Zucker
500 g Mehl
1 Prise Salz
1 Ei

Für die Füllung

800 g abgetropfter Quark
2 Eier
100 g Zucker
1 Prise Salz
250 g Sahne
100 g Sultaninen
80 g Butter

Außerdem

⅛ l Milch
50 g Butter

1 Milch, Butter und Zucker in einen Topf geben, auf den Herd stellen und aufkochen lassen. Den Topf vom Herd nehmen und die Mischung abkühlen lassen.

2 Das Mehl in eine Schüssel sieben, das Salz zugeben, in die Mitte eine Vertiefung drücken. Das Ei und die Milchmischung hineingeben. Von der Mitte her die Zutaten verkneten. In 4 Stücke teilen und zugedeckt an einem warmen Ort 1 Stunde ruhen lassen.

3 Die Teigstücke jeweils auf einem Tuch ausrollen und über den Handrücken hauchdünn zu einem Rechteck ausziehen. Für die Füllung den Quark durch ein Sieb streichen, mit Eiern, Zucker, Salz und Sahne verrühren. Die Sultaninen waschen und trockentupfen.

4 Den Backofen auf 200 °C (Gas Stufe 3, Umluft 180 °C) vorheizen. Die Butter zerlassen und die Strudelblätter damit bepinseln. Mit der Quarkmasse bestreichen und mit Sultaninen bestreuen. Die schmalen Ränder über die Füllung klappen und die Strudel jeweils mit Hilfe des Tuches von der Längsseite her aufrollen.

5 Eine feuerfeste Form einfetten, die Strudel hineinlegen und im vorgeheizten Backofen 45 Minuten backen. Dabei ab und zu mit Milch und zerlassener Butter übergießen. Die fertigen Strudel herausnehmen, etwas abkühlen lassen und warm servieren. Strudel können aber auch kalt gegessen werden.

Alphabetisches Rezeptverzeichnis

Rezeptverzeichnis nach Zutaten

IMPRESSUM

ISBN: 978-3-8094-2704-9

Umschlaggestaltung: Atelier Versen, Bad Aibling
Layout: Epsilon2, Mundelsheim
Fotos: Karl Newedel, München
Bildredaktion: Elisabeth Franz
Projektleitung: Anja Halveland

Satz: Epsilon2, Mundelsheim
Litho: Artilitho snc, Lavis (Trento)
Druck: Mohn media Mohndruck GmbH, Gütersloh

Printed in Germany

FSC www.fsc.org MIX Papier aus verantwortungsvollen Quellen FSC® C011124

Verlagsgruppe Random House FSC-DEU-0100
Das für dieses Buch verwendete FSC®-zertifizierte Papier *Profimatt* wurde produziert von Sappi Ehingen.

817 2635 4453